Tableaux Anciens

PROVENANT DE LA

GALERIE DU MARQUIS DE L. M.

VENTE

DE

Cinq Tableaux anciens

PROVENANT DE LA GALERIE DU MARQUIS DE L. M.

✢✢✢✢✢✢

HOTEL DROUOT, SALLE N° 8

Le Samedi 30 Mai 1891, à 3 heures

EXPOSITION PARTICULIÈRE	EXPOSITION PUBLIQUE
Le Jeudi 28 Mai 1891	Le Vendredi 29 Mai 1891

DE UNE HEURE ET DEMIE A CINQ HEURES ET DEMIE

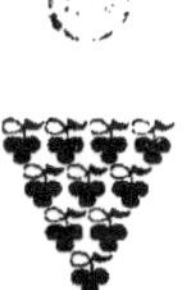

COMMISSAIRE-PRISEUR	EXPERTS
M° G. DUCHESNE	MM. HARO Frères
SUCCESSEUR DE M° ESCRIBE	PEINTRES-EXPERTS
6, rue de Hanovre	14, rue Visconti et 20, rue Bonaparte

1891

CE CATALOGUE SE DISTRIBUE

A PARIS, CHEZ

Me G. DUCHESNE	MM. HARO Frères
COMMISSAIRE-PRISEUR	PEINTRES-EXPERTS
6, rue de Hanovre	14, rue Visconti et 20, rue Bonaparte

CONDITIONS DE LA VENTE

Elle sera faite au comptant.

Les acquéreurs payeront *cinq pour cent* en sus des enchères.

Tableaux anciens

des Écoles

Italienne, Flamande et Hollandaise

SANTI (Raffaello)
dit Raphael Sanzio — (Attribué à)

ÉLÈVE DU PÉRUGIN

Urbino, 1483-1520. — École romaine.

1 — Mariage mystique de sainte Catherine.

L'Enfant Jésus, assis sur les genoux de sa mère, présente l'anneau nuptial à sainte Catherine agenouillée près du groupe divin.

Bois. — H., o^m,6o. L., o^m,45.

Nous reproduisons ci-dessous les documents relatifs à ce tableau.

Le Mariage de Ste Catherine.

« Tableau composé de trois figures. La Vierge et Ste Catherine vues jusqu'au genouil et l'Enfant Jésus entier. »
« Ce tableau de chevalet m'a paru d'une belle conserva-

« tion et l'un des plus soignés de Raphaël; la tête de la
« Vierge surtout semble lui avoir été inspirée par Léonard
« de Vinci dont il admiroit les ouvrages. La coiffure de
« Ste Catherine a un grand raport avec celle d'une des
« figures que Raphaël a employées dans son parnasse au
« Vatican, la tête est d'un profil divin. L'Enfant Jésus a la
« correction connue dans les ouvrages de ce grand maître
« et l'on voit dans les pieds et les mains cette savante
« négligence que l'on retrouve dans ses plus beaux ouvrages
« de chevalet. »

« D'après ces observations faites avec attantion, je re-
« garde ce tableau comme l'un des plus précieux de Raphaël
« d'Urbin. »

G. Guillon Le Thière,
Ex-Directeur de l'Académie Royale de France à Rome.

Rome, le 12 9bre
    1816.

« J'atteste comme cy-dessus, me remettant entièrement aux
« expressions de M. Le Thière, enfoi de quoi

Rome, ce 15 9bre 1816.

Signé : J.-B. Wicar, conseiller de l'Académie
de St Luc de Rome, ex-directeur de l'Académie
Royale de Naples; Membre actuel de la Société
Royale de Naples et de Bologne.

Le chevalier Wicar.

« Convengo anche io, con il parere dei SSgri Cav. Wicar
« Lettiers sopra il quadro rappresentante la Vergine con il
« Bambino Sa Caterina, riconoscendo nel Med° i principi
« di componere disignare e cipingere di Raffaelle. »

Vicenzo Camuccini, Ispettore delle
Pitture publiche di Roma.

« Convengo con il sentimento del Sig. Camuccini. »

Pietro Benvenuti, Direttore
del I. R. Accademia di Firenze.

« J'approuve les sentiments exprimés ci-dessus et trouve
« cet ouvrage admirable. »

C. Thevenin,
Directeur de l'Académie Royale de France.

« Avendo diligentemente opservato il detto quadretto
« non poso non convenire nel sentimento dei soprascritti
« illustri professori.
« In conseguenza mi segno. »

Gaspare Landi,
Direttore della Pittura nell Insigne Academia di S.
Luca di Roma e vice Presidente.

« Un quadretto dipinto sull legno alto palm 2, 1|2 e 2 once
« el largo Palm 3 che representa il Sposalizio di S. Caterina
« stimo io che sia opera di Raffaello d'Urbino, et si vede che
« nel dipingere si è ricordato nella testa della Madona di
« Leonardo da Vinci e nella testa della santa di fra Bartolomeo
« di S. Marco però unito colla grazia a lui propria che mas-
« simamente risplende nel S. Bambino. La Madona e la
« Santa sono mezze figure; il S. Infante solo e intiero. »

Federi Müller,

Roma, di 14 del novemb.   Pittore della real Corte di Baviera e
1816.   Membro dell Academia Reale di
                  Monaco.

Ce tableau abonde en qualités exquises; il
est bien du commencement du seizième siècle,
il se présente à nous muni de certificats qui ne
sont pas tous dénués d'autorité. Parmi ces
attestations, il en est une qui porte la signature
du chevalier Wicar. L'ancien directeur de l'Académie de Naples connaissait bien Raphaël et c'est
même le maître qu'il connaissait le mieux. Il a,
sur ce point, prouvé sa compétence spéciale, car
le peintre d'Urbino est admirablement repré-
senté dans la belle collection de dessins qu'il a
formée en Italie et qui est aujourd'hui l'honneur
du musée de Lille.

VINCI (Léonardo da)

Né près Florence, 1452-1519. — École florentine.

ÉLÈVE D'ANDREA DEL VERROCCHIO

2 — Jésus et saint Jean-Baptiste enfants.

Le divin Bambino, d'une sublime beauté, tout en se jouant, baise sur la bouche le petit saint Jean.

Ces deux figures, peintes avec la plus grande science du clair-obscur, sont placées sur une pelouse émaillée de fleurs dans un vaste paysage à large horizon où la limpidité du ciel laisse apercevoir des chaînes successives de montagnes. Au second plan, un tertre surmonté de gazon et d'arbustes.

Un portique cintré, garni de figures allégoriques, d'ornements et de moulures dorées ou en grisaille, sert d'encadrement au tableau. De chaque côté de ce portique, sont placées des colonnes en agate surmontées de chapiteaux dorés. Sur le soubassement, divers oiseaux et insectes.

Tout cet encadrement est dû à un autre pinceau que les figures principales : nous pensons que cette ornementation a été exécutée par un artiste allemand de l'époque.

Nous avons eu déjà l'occasion de voir et de vendre des réductions de cette composition si remarquable, qui touche, comme tout ce qu'a produit le grand Léonard, à la perfection ; ces copies réduites et sans ornementation étaient attribuées, les unes à Marco da Oggione, les autres à Jean de Mabuse ; elles portaient aussi un titre différent : *Castor et Pollux*. Aucune n'avait une expression aussi parfaite de beauté et de noblesse, ni le caractère des carnations et des ombres un peu violettes que l'on retrouve dans le petit nombre des productions authentiques de Léonard de Vinci.

B. — H., 0^m,95. L., 0^m,59.

REPRODUCTION DES CATALOGUES DRESSÉS ANTÉRIEUREMENT

Catalogue de 1837, n° 168 :

Deux enfans jouant ensemble.

H., 2 pieds, 11 p. L., 23 pouces.

Catalogue de 1839, n° 321 :

Deux enfans jouant ensemble.

« Le premier plan du tableau est fermé par une arcade
« architecturale chargée d'ornemens. Les deux enfans
« s'embrassent. Un oiseau est perché sur un tertre voisin,
« et l'on remarque encore deux oiseaux sur le devant de la
« composition. »

H., 2 pieds, 11 p. L., 22 pouces.

1.

Catalogue de 1843, n° 341 :

Deux enfants.

« Dans un paysage frais et agréable et sur une pelouse
« émaillée de fleurs, deux enfants jouent et se caressent.
« L'horizon est limité d'un côté par un tertre qui couronne
« ce joli groupe et qui est surmonté de gazon et d'arbustes;
« une espèce de portique cintré, garni d'ornements et de
« moulures dorés ou en grisaille, sert d'encadrement au
« tableau; de chaque côté de ce portique sont des colonnes
« en agate dont les ondulations forment et simulent des
« vagues dans lesquelles nagent des monstres marins; un
« oiseau se repose sous l'extrémité du tertre et deux autres
« sur l'épaisseur du portique. »
« Deux figures. »

B. — H., 0^m,95. L., 0^m,59.

Il nous a paru intéressant de faire connaître
les appréciations des précédents catalogues.

Pour nous, comme nous l'avons déjà écrit
(Catalogue de la collection de M. le vicomte
A..., avril 1883), voici notre pensée à ce
sujet :

On sait ou du moins on est autorisé à croire
que Léonard de Vinci a peint deux enfants —
très vraisemblablement le petit Jésus et le petit
saint Jean-Baptiste — jouant ensemble et s'em-
brassant. Ce motif, si digne du maître qui
avait appris par les belles sanguines de Verro-
chio à dessiner les grâces de l'enfance et ses
naïves attitudes, fut repris par plusieurs des
peintres qui habitèrent ou qui visitèrent la Lom-
bardie au commencement du seizième siècle. Le
thème était si séduisant que les élèves de
Léonard, Luini entre autres, en subirent le
charme irrésistible. Les Flamands eux-mêmes

en furent épris, et, pendant son voyage en Italie, Jean de Mabuse a peint plusieurs fois le groupe célèbre des deux enfants qui se caressent. L'Allemagne aussi a brodé sur ce motif délicat. Si nous rappelons ces faits, c'est parce que, après avoir examiné en toute conscience le beau tableau de M. le vicomte A..., nous ne pouvons affirmer que l'œuvre entière soit de Léonard. Si le petit Jésus et le petit saint Jean sont d'un modelé adorable, d'un modelé tout à fait lombard et même milanais, nous avons des doutes sur le paysage au milieu duquel ils prennent leurs ébats, nous hésitons aussi sur l'ornementation architecturale, d'un goût très pur d'ailleurs, qui forme l'encadrement de la scène. Si l'on venait nous dire qu'une main allemande a passé par là, nous n'en serions point trop surpris. En résumé cette composition de la grande École milanaise est des plus séduisantes et des plus remarquables.

Superbe tableau d'une exécution et d'une conservation exceptionnelles.

DYCK (Anton van)

Né à Anvers, 22 mars 1599. Mort à Blackfriars, 9 décembre 1641.
École flamande.

ÉLÈVE DE VAN BALEN ET DE RUBENS

3 — Jeux d'enfants.

T. — H., 1ᵐ,10. L., 1ᵐ,50.

REPRODUCTION DES CATALOGUES DRESSÉS ANTÉRIEUREMENT

Catalogue de 1839, n° 331 :

Jeux d'enfans.

« Des enfans, dont un porte un étendard, enlèvent les pe-
« tits d'une chienne qui les poursuit en aboyant. Au second
« plan, sont une chèvre et une poule perchée sur le barreau
« d'une échelle. »
« Les animaux du premier plan sont de la main de Sny-
« ders. »

H., 3 pieds, 3 p. L., 4 pieds, 4 p.

Catalogue de 1841, n° 375 :

Jeux d'enfans.

« Des enfans, dont un porte un étendard, enlèvent les pe-
« tits d'une chienne qui les poursuit en aboyant. Au second

« plan, sont une chèvre et une poule perchée sur le barreau
« d'une échelle. »
« Les animaux du premier plan sont de la main de Sney-
« ders. »

H., 1^m,05. L., 1^m,40.

Catalogue de 1843, n° 363 :

Jeu d'enfants.

« Plusieurs enfants, presque tous nus, s'approchent d'une
« chienne qui, effrayée pour ses petits, montre les dents et
« donne la chasse à ces espiègles; tous fuient devant l'attitude
« hostile de cette chienne, et l'un d'eux est renversé dans
« cette panique générale. Cependant, un plus courageux que
« les autres cherche à s'emparer des petits chiens, et profite
« du moment où la mère est occupée à pourchasser ses cama-
« rades. Les animaux, dans cet admirable tableau, sont dus
« au pinceau de Snyders qui, pour compléter le sujet et le
« rendre plus intéressant, y a ajouté une chèvre et un coq. »
« Onze figures. »

T. — H., 1^m,05. L., 1^m,40.

REMBRANDT (van Ryn)

Né près Leyde en 1608. Mort à Amsterdam en 1669.
École hollandaise.

4 — Le Repos pendant la fuite en Égypte.

La Vierge et saint Joseph, fuyant avec l'Enfant Jésus les soldats d'Hérode, se sont réfugiés dans une écurie pour y passer la nuit.

Au premier plan, la Vierge est étendue à demi couchée sur la paille, les mains jointes, drapée dans un manteau rouge, une couverture grossière jetée sur ses genoux; elle dort profondément; près d'elle est assis saint Joseph qui sommeille la tête appuyée sur sa main : il porte un vêtement gris avec un manteau vert sombre, à sa ceinture est attaché un poignard; entre eux deux, l'Enfant Jésus dans un berceau rustique. Au fond, dans l'ombre, l'âne mange à un râtelier. Par une lucarne, on aperçoit une autre pièce servant d'étable.

T. — H., 1ᵐ,30. L., 1ᵐ,60.

Catalogue de 1837, n° 217 :

Paysans endormis dans une étable.

H., 4 pieds, 2 p. L., 5 pieds, 2 p.

Catalogue de 1839, nᵒ 345 :

Paysans endormis dans une étable.

« Ils sont de grandeur naturelle. Sur le second plan est un
« enfant dans un berceau. »

h., 4 pieds, 2 p. L., 5 pieds, 2 p.

Catalogue de 1843, nᵒ 387 :

Deux mendiants endormis dans une écurie.

« Un homme et une femme ont demandé un abri et ont
« établi leur gîte dans une écurie où ils reposent; la femme
« est étendue et couchée sur la paille et recouverte par une
« grosse couverture de laine; l'homme est assis près d'elle et
« sommeille la tête appuyée sur sa main. »
« L'intérêt d'un tableau pareil ne peut consister que dans la
« manière dont il est exécuté. Rembrandt sacrifiait presque
« toujours le côté poétique d'un sujet à l'effet et au prestige
« de la couleur, et tel est le mérite dominant de celui-ci. »
« Gravé par Charles Mauduit.
« Deux figures. »

T. — H., 1ᵐ,50. L., 1ᵐ,10.

Ce tableau de Rembrandt a jadis été désigné
dans un ancien inventaire sous un titre assez
inattendu : *Deux mendiants endormis dans une
écurie*. Cette désignation, qui ne brille pas par
l'exactitude, caractérise l'époque naïve où l'on
cataloguait les peintures sans leur faire l'honneur
de les regarder. Il y a bien, si l'on veut, une
écurie ou du moins une étable, mais il n'y a
point de mendiants. Les deux dormeurs, vêtus
de costumes rustiques, sont évidemment la

Vierge elle-même et saint Joseph : derrière eux, dans l'ombre, est l'Enfant Jésus, et la scène nocturne que l'artiste a voulu traduire n'est pas autre chose que *le Repos de la Sainte Famille pendant la fuite en Égypte*. La Vierge est habillée comme une paysanne; le saint Joseph porte un bonnet d'ouvrier. L'impression générale est celle d'une anecdote de l'humble vie des travailleurs plutôt que la figuration d'un épisode de l'Évangile. Rembrandt aimait ces déguisements ou, pour mieux dire, ces emprunts à la réalité. Dans *Ménage du menuisier* au Louvre, la pensée est la même. Rembrandt rajeunit tous les vieux thèmes sacrés : il place ses personnages dans le milieu contemporain, et la poésie qu'il en dégage n'en est que plus pénétrante.

Le Repos pendant la fuite en Égypte est une œuvre puissamment caractérisée; les deux figures principales sont étudiées sur nature avec la plus intelligente sincérité, et jamais on n'a exprimé d'une façon plus exacte le lourd sommeil que provoquent les lassitudes d'un long voyage. La couleur elle-même s'endort dans une chaude atmosphère, les fonds étant de ce brun superbe que Rembrandt seul a bien connu, comme lui seul a compris la difficile manœuvre de ce beau rouge atténué, qui constitue en partie le costume de la dormeuse. Ce rouge, disons-le en passant, a quelque analogie avec celui de Nicolas Maes, auquel il a fait un instant songer.

REMBRANDT (van Ryn)

5 — Adoration des Bergers.

Assise dans une étable, la Vierge soulève le voile qui recouvrait l'Enfant divin pour le présenter à l'adoration des bergers.

T. — H., 0ᵐ,64. L, 0ᵐ,73.

REPRODUCTION DES CATALOGUES DRESSÉS ANTÉRIEUREMENT

Catalogue de 1837, n° 169 :

L'Adoration des Bergers.

H., 2 pieds. L., 2 pieds, 4 p.

Catalogue de 1839, n° 346 :

Adoration des Bergers.

« L'Enfant Jésus est dans une crèche. A gauche est la « Vierge qui soutient un voile près de la tête du nouveau-« né. La composition est complétée par saint Joseph et par « plusieurs figures agenouillées, dont une porte une paire « de besicles. »

H., 22 pouces 1/2. L., 2 pieds, 2 p.

Catalogue de 1841, n° 381 :

Adoration des Bergers.

« L'Enfant Jésus est dans la crèche. A gauche est la Vierge
« qui soutient un voile près de la tête du nouveau-né. La
« composition est complétée par saint Joseph et par plu-
« sieurs figures agenouillées, dont une porte une paire de
« besicles. »

H., 0^m,55. L., 0^m,70.

Catalogue de 1843, n° 388 :

(Attribué à Victoor ou Fictoor.)

Adoration des Bergers.

« Réunis en grand nombre dans l'étable et autour du ber-
« ceau de l'Enfant Jésus, les bergers le contemplent et sont
« saisis d'une admiration respectueuse; l'effet heureux et la
« distribution de la lumière, la combinaison transparente
« des demi-teintes et des ombres avec des parties claires,
« produisent un effet magique qui donne de l'intérêt à un
« sujet banal et souvent répété. »
« Douze figures. »

T. — H., 0^m,55. L., 0^m,70.

Bien que ce tableau ait été, — on ne sait trop
en vertu de quel caprice, — attribué en 1843 à
Jean Fictoor, il présente dans la distribution des
lumières et le jeu du clair-obscur une saveur
rembranesque. Au point de vue des colorations,
nous y trouvons aussi des blancs dorés et des
rouges d'un accent particulier.

Une longue tradition l'attribuait au jeune
Rembrandt. Combien cette peinture serait pré-
cieuse si l'on avait un jour la certitude qu'elle
nous montre bien le début du laborieux écolier
qui est devenu un si grand maître.

5375. — Librairies-Imprimeries réunies, rue Mignon, 2, Paris.